Åse Andreasson

Secouée par la maladie - mais secourue par le Tout-Puissant

Åse Andreasson

Secouée par la maladie - mais secourue par le Tout-Puissant

Témoignages vécus du secours de Dieu dans diverses circonstances de la vie

Éditions Croix du Salut

Impressum / Mentions légales
Bibliografische Information der Deutschen Nationalbibliothek: Die Deutsche Nationalbibliothek verzeichnet diese Publikation in der Deutschen Nationalbibliografie; detaillierte bibliografische Daten sind im Internet über http://dnb.d-nb.de abrufbar.
Alle in diesem Buch genannten Marken und Produktnamen unterliegen warenzeichen-, marken- oder patentrechtlichem Schutz bzw. sind Warenzeichen oder eingetragene Warenzeichen der jeweiligen Inhaber. Die Wiedergabe von Marken, Produktnamen, Gebrauchsnamen, Handelsnamen, Warenbezeichnungen u.s.w. in diesem Werk berechtigt auch ohne besondere Kennzeichnung nicht zu der Annahme, dass solche Namen im Sinne der Warenzeichen- und Markenschutzgesetzgebung als frei zu betrachten wären und daher von jedermann benutzt werden dürften.

Information bibliographique publiée par la Deutsche Nationalbibliothek: La Deutsche Nationalbibliothek inscrit cette publication à la Deutsche Nationalbibliografie; des données bibliographiques détaillées sont disponibles sur internet à l'adresse http://dnb.d-nb.de.
Toutes marques et noms de produits mentionnés dans ce livre demeurent sous la protection des marques, des marques déposées et des brevets, et sont des marques ou des marques déposées de leurs détenteurs respectifs. L'utilisation des marques, noms de produits, noms communs, noms commerciaux, descriptions de produits, etc, même sans qu'ils soient mentionnés de façon particulière dans ce livre ne signifie en aucune façon que ces noms peuvent être utilisés sans restriction à l'égard de la législation pour la protection des marques et des marques déposées et pourraient donc être utilisés par quiconque.

Coverbild / Photo de couverture: www.ingimage.com

Verlag / Editeur:
Éditions Croix du Salut
ist ein Imprint der / est une marque déposée de
OmniScriptum GmbH & Co. KG
Heinrich-Böcking-Str. 6-8, 66121 Saarbrücken, Deutschland / Allemagne
Email: info@editions-croix.com

Herstellung: siehe letzte Seite /
Impression: voir la dernière page
ISBN: 978-3-8416-9888-9

Copyright / Droit d'auteur © 2013 OmniScriptum GmbH & Co. KG
Alle Rechte vorbehalten. / Tous droits réservés. Saarbrücken 2013

Secouée par la maladie, mais secourue par le Tout-Puissant

et quelques autres témoignages vécus

Åse Andreasson

Traduction de la Bible utilisée dans cet ouvrage:

Louis Segond

traduction d'après les textes originaux, version ancienne ou révisée.

Tables des Matières

Transport d'urgence à l'hôpital 3

Paroles de réconfort 4

Communications intimes...6

La mort n'est pas une catastrophe 7

Les enfants arrivent..8

De nombreuses occasions de témoigner de ma foi 9

Les dangers de l'occultisme 10

La croix – sujet de joie ou de tristesse ? 12

Flux de sang et transfert à un autre hôpital 13

Treize transfusions de sang 15

La jeune fille qui attendait une transplantation cardiaque 17

Joies et tristesse 20

Épreuve changée en bénédiction 21

Une jeune salutiste apporte la bonne nouvelle à ma famille................23

Guérie d'une maladie du cœur..27

Protégée d'un danger que je n'avais pas vu 32

Remède contre l'angoisse et la déprime 36

Dieu entend la prière – aussi pour quelqu'un qui se dit athée 43

Une vision de la grâce de Dieu au milieu du combat............................46

Roses avec ou sans épines ? 52

Le chemin de la vie 58

Transport d'urgence à l'hôpital

Juste après le Nouvel An 2011, j'ai soudainement eu du mal à respirer et j'ai été transportée au service des urgences à l'hôpital de Moss, la ville où j'habite en Norvège. Arrivée au service des urgences, j'étais en état de parler un peu avec le médecin et répondre à ses questions. Il voulait savoir depuis quand j'étais souffrante. J'ai expliqué que tout avait commencé par une petite enflure à la cheville gauche, mais mon médecin traitant m'avait dit que ce n'était rien de grave. Il m'avait simplement donné une pommade à utiliser pendant dix jours. J'avais bien suivi son conseil, mais comme j'allais plutôt mal, Stig, mon mari, avait appelé une ambulance pour me conduire à l'hôpital, le soir même. J'étais pleinement consciente durant la conversation avec le médecin, mais soudain j'ai commencé à m'étouffer. Les infirmières m'ont alors rapidement mis sur le visage un masque relié à un puissant respirateur qui m'apporta de l'oxygène. Les médecins ont découvert que j'avais des caillots de sang dans la jambe et aussi dans les poumons. Pour dissoudre ces caillots de sang, on m'a administré un médicament nommé "Marevan", un puissant anticoagulant. J'étais toujours pleinement consciente.

Paroles de réconfort

Couchée sur mon lit, j'ai entendu clairement une voix qui me disait: **"Toutes choses concourent au bien de ceux qui aiment Dieu."** Je savais que c'était un verset de la Bible, écrit dans Romains 8:28. En même temps, je baignais dans une atmosphère merveilleuse et je sentais vraiment la présence du Seigneur. Une immense joie remplissait mon cœur et j'ai dit spontanément: "Seigneur Jésus, est-ce que ce sera vraiment comme cela de quitter un jour ce monde terrestre pour te rejoindre dans l'autre monde, là où tu es? Est-ce un avant-goût de la félicité céleste que tu me donnes maintenant? Alors, tu connais donc ma situation car je sens ta présence près de moi."

Mais au milieu de tout cela, j'avais pourtant beaucoup de mal à respirer et j'avais l'impression que j'allais mourir. Alors, la même voix m'a rappelé un autre texte biblique: **"Soit donc que nous vivions, soit que nous mourions, nous sommes au Seigneur."** (Romains 14:8) La même joie a continué à remplir mon cœur et je baignais toujours dans cette même atmosphère de félicité. Combien j'étais heureuse de savoir que j'appartenais au Seigneur que je vive ou que je meure. Quelle grâce d'appartenir au Seigneur Jésus! Ce n'était ni pénible, ni effrayant de me trouver en face de la mort.

Je n'ai jamais perdu connaissance pendant que j'étais sur ce lit d'hôpital. Stig, mon mari, m'a expliqué que les enfants allaient venir des USA et de l'Allemagne. Alors, j'ai pensé: "Ils viendront pour mon enterrement, mais j'aurai la joie de les voir tous autour de mon lit avant que je m'en aille!" Vous comprenez sans doute que lorsqu'on a des enfants dans plusieurs pays différents et qu'ils habitent assez loin les uns des autres, on les voit rarement tous en même temps.

J'avais aussi une grave infection que l'on traitait par antibiotiques. Après quelques temps, j'allais un peu mieux et on a remplacé le grand respirateur par un petit tuyau qui ne me couvrait pas tout le visage. Stig était tout le temps à côté de moi et me tenait par la main.

Je lui ai dit que dès que l'occasion se présenterait, je désirais que les anciens de notre église viennent prier pour moi en m'oignant d'huile au nom du Seigneur, selon le texte biblique dans Jacques 5:14-15. **"Quelqu'un parmi vous est-il malade? Qu'il appelle les anciens de l'église, et que les anciens prient pour lui, en l'oignant d'huile au nom du Seigneur, la prière de la foi sauvera le malade et le Seigneur le relèvera."**

Communications intimes

Une fois libérée du grand masque d'oxygène, je voyais mieux l'état de mon mari. Il avait l'air tellement fatigué et affligé. Alors, je me suis rappelée que quelques jours auparavant, nous avions lu dans la Bible que l'un des collaborateurs de l'apôtre Paul avait été très malade et même près de la mort, mais Dieu avait eu pitié de lui, "et non seulement de lui, mais aussi de moi," écrit Paul, pour que je n'aie pas tristesse sur tristesse. La Bible dit que **"le Seigneur a des communications intimes avec ceux qui le craignent"** (Psaume 25:14). Alors, je me suis adressée au Seigneur d'une manière très personnelle et intime. Du fond de mon cœur, je lui ai dit: "Seigneur, tu as eu pitié du collaborateur de Paul pour que Paul n'ait pas une trop grande tristesse. Tu sais bien que Stig est fils unique, il n'a ni frères, ni sœurs et il n'a plus aucun parent en vie. Il a trois enfants, mais ils sont tous à l'étranger. Il n'a que moi. Ne pourrais-tu pas me permettre de vivre encore un peu, pour que sa tristesse ne soit pas trop grande."

Tout de suite, j'ai eu la conviction intérieure que j'allais vivre encore un peu de temps. Mais, le Seigneur m'a aussi fait comprendre que: "certes, tu vis maintenant, mais personne ne connaît le lendemain". Dieu ne m'a pas promis de vivre un certain temps, mais il m'a simplement dit que je ne n'allais pas mourir tout de suite. Il avait entendu ma prière. Après cela, j'ai pensé aux paroles du Psaume 30:3-4, où il est dit: **"Éternel, mon Dieu! J'ai crié à toi, et tu m'as guéri, Éternel! Tu as fait remonter mon âme du séjour des morts, Tu m'as fait revivre loin de ceux qui descendent dans la fosse."**

Oui, vous comprenez sans doute que j'ai passé quelques jours merveilleux malgré ma maladie.

La mort n'est pas une catastrophe

Le médecin et les infirmières étaient autour de mon lit, mais quand ils se sont éloignés pendant quelques instants, j'ai dit à mon mari: "Stig, je ne vais pas mourir! Je vais vivre encore quelque temps." Lui aussi croyait que j'allais mourir. Quelques jours après, il m'a dit qu'il avait entendu comme une voix intérieure lui parler lorsqu' il était assis auprès de mon lit. Cette voix lui avait dit: "Tu n'a aucune raison de considérer la mort comme une catastrophe.

Lorsque Christ est ta vie, la mort est un gain." En effet, cela est bien écrit dans la Bible, dans Philippiens 1:21.

Le médecin voulait me garder au service des urgences pendant cinq jours. Mais déjà après deux jours, une dizaine de nouveaux malades sont arrivés. Plusieurs d'entre eux avaient besoin de ma place. Mon premier séjour dans un hôpital en Norvège fut donc un peu mouvementé. On m'a déplacée dans une salle à l'étage où il y avait deux autres patientes. La dame qui était à côté de moi m'a dit son nom et expliqué quelle était sa maladie. J'ai fait de même. Après lui avoir dit mon nom, je lui ai expliqué que j'avais des caillots de sang dans les deux poumons, mais que malgré la souffrance, j'avais une paix merveilleuse dans mon cœur. "Je crois au Seigneur Jésus et je sens sa présence." Oui, sa présence était si réelle que c'était tout naturel d'en parler à ma voisine de chambre. Comme moi, elle recevait de l'oxygène par un tuyau. Malgré notre faiblesse commune, nous avons eu une bonne conversation.

Les enfants arrivent

Le jour suivant, j'étais sur le point de perdre complètement ma respiration. Heureusement, Stig se trouvait tout près et il a immédiatement appelé les médecins, qui m'ont tout de suite ramenée au service des urgences. Quelques jours plus tard, Stig qui n'osait toujours pas croire que j'échapperais à la mort, fut soudainement envahi d'une paix immense et profonde. Après, il est venu me dire: "Les enfants sont arrivés." Pour moi, c'était une joie immense de les voir tous autour de mon lit avec Stig. Ils avaient tous pris un peu de congé et même la plus jeune de nos petits-enfants, la petite Mathilde, âgée de cinq ans et demi, était venue. Ils sont rentrés chez eux le 16 janvier. Plus tard, notre fils aîné Roland est revenu avec sa famille et j'ai eu la joie de revoir aussi notre belle-fille Marilyn et nos deux autres petits-enfants Peter et Emily. Ils ont tous été d'un grand réconfort pour mon mari. Pendant la semaine où nos enfants sont restés avec nous, mon état s'est amélioré et on m'a déplacée dans une plus grande salle avec plusieurs malades.

De nombreuses occasions de témoigner de ma foi

Chaque fois que l'on me déplaçait, je pouvais librement converser avec la personne qui était dans le lit à côté de moi. Ainsi, j'ai pu témoigner de ma foi en Jésus Christ à maintes reprises. Les infirmières étaient vraiment sympathiques et serviables. L'une d'entre elles vint me trouver un soir pour un entretien plus personnel. Elle croyait aussi en Jésus-Christ et elle voulait en savoir un peu plus sur nos années en France. Je lui ai donné un livre écrit par mon mari et intitulé: "Rencontres avec le surnaturel". Il contient des témoignages d'hommes et de femmes qui ont fait une expérience avec Dieu. Déjà, le lendemain, j'ai appris que ce livre était devenu le sujet de conversation principal parmi les infirmières pendant leurs pauses café.

Un jeune infirmier, habillé en blanc comme les autres, est venu me trouver un jour, il s'est présenté et a dit: "Dites-moi, ce livre "Rencontres avec le surnaturel", est-ce que ça concerne les "ovnis" (objets volants non-identifiés)? – "Non, pas du tout," lui ai-je dit, "Vous savez bien que le monde céleste est surnaturel et différent de ce qui est terrestre. Mais, il y a aussi un autre côté du surnaturel, un côté ténébreux. Le livre relate des cas où des hommes et des femmes ont été libérés de lourds fardeaux et connu paix et joie par la foi en Jésus-Christ. Êtes-vous intéressé par ce livre?" "Oui, je voudrais bien le lire," m'a-t-il dit. Je lui ai dit que je demanderais à mon mari de lui en apporter un exemplaire le jour suivant.

Les dangers de l'occultisme

Peu de temps après, l'infirmière qui s'était entretenue avec moi un autre soir est venue me trouver. Elle m'a demandé si un jeune infirmier de tel nom était venu me trouver. Je lui ai dit que je ne me souvenais plus de son nom, mais qu'il avait effectivement demandé si le livre relatant des rencontres avec le surnaturel parlait des "ovnis".

"Vous comprenez," me dit l'infirmière, "ce jeune homme cherche à rentrer en contact avec son grand père décédé." Elle semblait bien comprendre que le jeune infirmier se mouvait sur le terrain dangereux de l'occultisme. Elle croyait à la Bible et savait que celle-ci contenait des avertissements contre ces choses.

J'ai tout de suite téléphoné à Stig pour lui demander de m'apporter d'autres livres et aussi d'inscrire sur une feuille les textes bibliques qui traitent des dangers de l'occultisme. Je lui ai parlé en français pour ne pas être comprise par les autres qui se trouvaient dans la même pièce.

Le lendemain, Stig m'a apporté ce que je lui avais demandé. Sur une feuille, il avait écrit les textes suivants: **"Qu'on ne trouve chez toi personne qui se livre à la divination, qui tire des présages, qui ait recours à des techniques occultes ou à la sorcellerie, qui jette des sorts, personne qui consulte ceux qui évoquent les esprits ou prédisent l'avenir, personne qui interrogent les morts. En effet, quiconque se livre à ces pratiques est en horreur à l'Éternel.** (Deutéronome 18 :10-14) **Si l'on vous dit: Consultez ceux qui évoquent les morts et ceux qui prédisent l'avenir, qui chuchotent et qui marmonnent, un peuple ne consultera-t-il pas son Dieu, s'adressera t-il aux morts en faveur des vivants?** (Ésaïe 8:19) **Ne vous tournez pas vers ceux qui évoquent les esprits, ni ceux qui prédisent l'avenir, de peur de vous souiller avec eux. Je suis l'Éternel, votre Dieu.** (Lévitique 19:31) **Saül (le roi) mourut par suite de l'infidélité dont il se rendit coupable envers l'Éternel. Il n'avait pas observé la Parole de l'Éternel, mais avait interrogé pour les consulter ceux qui évoquent les morts. Il ne consulta pas l'Éternel."** (1 Chroniques 10 :13)

Lorsque le jeune infirmier est revenu me trouver, je lui ai remis le livre et la feuille avec ces textes bibliques. A ma question s'il possédait une Bible, il m'a d'abord répondit non, mais ensuite, il s'est rappelé que ses grands parents lui avaient bien fait cadeau d'une Bible à l'occasion de son baptême, donc lorsqu'il n'était encore qu'un nourrisson. Il avait gardé cette Bible, mais ne l'avait pas lue. Je lui ai vivement recommandé de lire sa Bible, mais en commençant par le Nouveau Testament, de préférence l'Évangile de Jean. "Alors, vous comprendrez mieux le livre que je vous donne," lui ai-je dit.

La croix – sujet de joie ou de tristesse ?

On a continué à me faire changer de chambre. En général, c'était des chambres avec trois ou quatre lits. Souvent, j'ai pu avoir des conversations fort intéressantes avec les dames qui partageaient ma chambre. Un soir, l'une d'entre elles nous a dit: "Je pense déjà à la Fête de Pâques, même si elle n'est pas toute proche. A cette fête, je me sens toujours triste." A ma question pourquoi la Fête de Pâques la rendait si triste, elle a répondu: "C'est parce qu'alors on chante toujours des hymnes sur la mort de Jésus sur la croix. Vous connaissez certainement ce cantique sur la foule qui conduit Jésus vers la colline de Golgotha où il allait être crucifié. Je trouve que c'est tellement triste qu'il devait mourir, lui qui avait fait tant de bien pendant sa vie."

"Mais, Madame" lui ai-je-dit, "vous avez bien lu dans la Bible pourquoi Jésus-Christ est venu dans le monde. Il est le Fils de Dieu venu donner sa vie pour notre salut. Il a porté nos péchés sur la croix afin que tous ceux qui croient en Lui puissent vivre toujours avec Lui dans la félicité. C'est ce qui est dit dans le verset le plus connu de toute la Bible, Jean 3:16: **"Car Dieu a tant aimé le monde qu'il a donné son Fils unique, afin que quiconque croit en lui ne périsse pas, mais qu'il ait la vie éternelle."**

C'est ainsi que durant cette première semaine à l'hôpital, j'ai eu l'occasion de partager ma foi avec beaucoup de personnes. Nos deux fils, Roland et Éric, sont rentrés aux USA et en Allemagne le 16 janvier. Comme j'ai déjà dit, Roland, l'aîné de nos fils, est revenu plus tard avec sa famille.

Flux de sang et transfert à un autre hôpital

L'anticoagulant nommé "Marevan" semblait bien faire son effet. Le 17 janvier, on devait me transporter dans une maison de repos. MAIS! Ce même jour, j'ai eu un flux de sang abondant. Durant toute une journée, j'ai perdu tellement de sang que l'on n'osait pas me garder à l'hôpital de Moss. Alors, on m'a transportée d'urgence en ambulance à Fredrikstad, à 35 km de Moss, où il y a un plus grand hôpital. Stig a suivi l'ambulance avec sa voiture.

J'étais sans force, car je n'avais même pas la moitié de la quantité de sang que je devais avoir. Mais, j'avais toujours la paix dans mon cœur et j'étais parfaitement lucide. Je priais le Seigneur lui disant: "Seigneur, tu sais que j'ai voulu que les anciens de notre église viennent prier pour moi selon ce que ta Parole nous enseigne. Maintenant, je suis dans une ambulance et cela ne peut pas se faire. Mais, dès que je serai revenue à Moss, je veux que cela se fasse. Maintenant, Seigneur, prends soin de moi selon ta Parole, car tu as dit: **Avant qu'ils m'appellent, je répondrai.**" En effet, nous avions bien vécu cela plusieurs fois durant les années passées en France.

Je sentais que je perdais toujours du sang, mais je pouvais quand même parler avec l'ambulancier. Il a essayé de prendre ma tension, mais celle-ci était si faible que son appareil ne pouvait rien enregistrer. Pour me rassurer, il m'a dit que c'était sans doute à cause des fortes secousses que subissait l'ambulance sur la route, couverte de neige et de glace. Je lui ai dit que j'avais la paix dans mon cœur puisque j'avais mis ma confiance en Jésus-Christ. Il m'a dit qu'il avait une Bible mais qu'il ne la lisait pas. Je lui ai dit que la Bible était un livre très intéressant qu'il devait absolument lire. Comme personne ne connaît le lendemain, je lui ai dit qu'il est important d'avoir la paix avec Dieu.

Je suis arrivée au service des urgences à l'hôpital de Fredrikstad dans la soirée. Après un moment, un médecin est venu me dire: "Nous n'avons pas encore trouvé votre groupe sanguin dans notre banque de sang, mais nous cherchons." J'avais mon portable avec moi, et je pouvais donc transmettre les dernières nouvelles (plutôt mauvaises) à nos enfants. Ce même jour, j'aurais dû entrer à la maison de repos, mais ce flux de sang avait complètement changé la situation. Notre fils aîné Roland a reçu mon SMS juste après l'atterrissage de son avion aux USA.

Tout de suite, il m'a envoyé une réponse: "Maman, mon groupe sanguin est compatible avec tous les autres. S'ils ne trouvent pas le sang qu'il te faut, je reviendrai tout de suite."

Éric, son frère à Berlin, m'a répondu aussi vite: "Maman, je ne connais pas mon groupe sanguin, mais je peux aller à l'hôpital ici ce soir pour le savoir. Et, s'il est compatible avec le tien, je reviens tout de suite."

J'ai voulu raconter cela, car cela a bien réchauffé mon cœur de mère.

Treize transfusions de sang

Mon mari est resté avec moi pendant que j'attendais que l'on trouve mon groupe sanguin. J'ai commencé à m'inquiéter pour lui. Les jours d'hiver sont froids et sombres en Norvège et les routes sont verglacées. Notre vieille voiture-diesel a besoin d'un chauffe-moteur pendant les nuits d'hiver pour bien démarrer le lendemain matin. Pour rentrer à notre domicile de Moss, il y avait 35 km à faire. J'ai alors pensé à un couple qui habitait à Fredrikstad et que nous connaissions assez bien. Je leur ai téléphoné pour expliquer la situation. Ayant appris que j'étais à l'hôpital de leur ville, ils ont tout de suite invité Stig à passer la nuit chez eux et mêmes les nuits suivantes, s'il le fallait. Ils se sont aussi arrangés pour que mon mari puisse brancher son chauffe-moteur pendant les nuits glaciales de ce mois de janvier. Combien nous étions reconnaissants pour les tendres soins de notre Père céleste et l'hospitalité de nos amis.

Après un long moment, le médecin est revenu me dire qu'ils avaient trouvé mon groupe sanguin, mais comme le sang était congelé, il fallait encore deux heures avant de pouvoir l'utiliser. Stig est resté avec moi jusqu'à cette première transfusion. Par la suite, on m'en a fait treize. Cela se faisait par sachets, mais j'ignore combien de sang il y avait dans chacun d'eux. J'ai ensuite subi plusieurs examens, dont quelques-uns étaient très pénibles, mais Stig est toujours resté à côté de moi et il me tenait par la main. Les médecins ont conclu que je ne supportais pas l'anticoagulant Marevan. C'était pour cela que j'avais perdu tant de sang. Ils ont donc remplacé le Marevan par un autre anticoagulant injecté par piqûres. Je devais par la suite continuer ces piqûres pendant six mois.

Au fil des jours, mon état s'améliorait. Très souvent, on me faisait changer de chambre, sans doute parce qu'il y avait beaucoup de malades et certains étaient dans le couloir par manque de place dans les salles. Mais, je crois qu'il y avait aussi une autre raison. Le Seigneur savait où se trouvaient les âmes assoiffées de l'évangile. A maintes reprises, j´ai pu parler avec des personnes qui se trouvaient à côté de moi, et qui étaient très contentes de me parler. J'ai encore eu l'occasion d'offrir un assez grand nombre d'exemplaires du livre que mon mari avait écrit et qui relatait des témoignages vécus. Il y avait aussi des infirmières qui désiraient parler des choses de Dieu.

A cause de l'importante perte de sang subie, je n'ai pas pu aller au Centre de Convalescence à la date prévue. J'ai donc perdu la place qui m'y était réservée. Le médecin de Fredrikstad a du faire une nouvelle demande pour moi à ce Centre, qui se trouve juste à côté de l'hôpital de Moss. Je devais y être reçue pour une quinzaine de jours. Mais, comme il y avait un manque de places à Fredrikstad, on m'a renvoyée à l'hôpital de Moss pour cinq jours, en attendant qu'il y ait une chambre libre au Centre de Convalescence. Pendant ces cinq jours supplémentaires à l'hôpital de Moss, j'ai eu l'occasion de communiquer l'évangile à beaucoup de personnes, car là aussi, on m'a souvent fait changer de chambre. Il y a surtout une expérience que j'ai faite durant ce temps que je dois absolument vous communiquer.

La jeune fille qui attendait une transplantation cardiaque

Un soir, on m'a mise dans une chambre à trois lits. Le lit à côté de moi était vide pour le moment et dans le troisième, assez loin de moi, il y avait une jeune fille.

J'ai prié dans mon cœur: "Seigneur Jésus, montre-moi comment entrer en contact avec la personne qui est à l'autre bout de la pièce!"

J'entendais que cette jeune fille était souvent prise de nausées et de vomissements. Après un peu de temps, elle s'est levée pour aller vomir aux toilettes. En revenant et en passant devant mon lit elle m'a dit:

- "J'espère que je ne vous dérange pas trop, mais il faut que je vomisse souvent et alors je sors pour que vous m'entendiez le moins possible."

- "Vous ne me dérangez pas et vous n'avez pas besoin de sortir chaque fois que vous vomissez. Restez seulement dans votre lit. Lorsque j'entendrai que vous avez mal, je prierai le Seigneur Jésus pour vous."

Elle n'a rien répondu, mais elle avait plutôt l'air un peu étonnée et peut-être embarrassée. Alors, je lui ai posé la question:

- "Croyez-vous au Seigneur Jésus?"

- "Oh, vous savez, je suis si jeune, j'ai tout juste 19 ans. Je n'ai pas beaucoup pensé à ces choses-là."

- "J'étais beaucoup plus jeune que vous lorsque j'ai entendu parler de Jésus et compris que j'avais besoin de Lui dans ma vie" lui ai-je dit.

Puis, je lui ai raconté comment j'avais été touchée par le message de l'évangile dans une réunion pour enfants et qu'après avoir reçu Jésus dans mon cœur, j'avais connu une joie inexprimable.

- "Oh," m'a dit la jeune fille, "ça doit être magnifique de vivre une chose pareille."

- "Oui, bien sûr, mais vous pouvez faire la même expérience que moi, si vous croyez que Jésus est mort pour vous sur la croix et si vous lui demandez d'entrer dans votre cœur," lui ai-je dit. Puis je lui ai cité Jean 3:16: **"Car Dieu a tant aimé le monde qu'il a donné son Fils unique, afin que quiconque croit en lui ne périsse pas mais qu'il ait la vie éternelle."**

J'ai aussi cité les paroles de Jésus quand il dit: **"Voici, je me tiens à la porte et je frappe. Si quelqu'un entend ma**

voix et ouvre la porte j'entrerai chez lui." (Apocalypse 3:20)

Ensuite, je lui ai demandé pourquoi elle vomissait si souvent. "Avez-vous été opérée? Avez-vous eu un accident?"

- "Non, j'attends d'avoir un autre cœur. Il y a trois ans, on m'a fait une première transplantation cardiaque. Tout a bien fonctionné jusqu'à maintenant. Mais, désormais mon corps n'accepte plus ce cœur. Il le rejette. J'attends donc que l'on me donne encore un autre cœur. Je peux peut-être l'avoir dans une heure, dans quinze jours, ou bien seulement au bout d'une longue attente. Mais, quand j'ai très mal je pense à mon grand-père. Il est mort, mais j'ai l'impression que cela m'aide," m'a-t-elle dit.

- "Je comprends que vous aimiez beaucoup votre grand-père," lui ai-je dit, "mais, sachez que le Seigneur Jésus est encore plus près de vous et que vous pouvez vous adresser à Lui par la prière lorsque vous avez des moments difficiles. Mais dites-moi, aimez-vous lire?"

- "Oh oui, je lis beaucoup pendant que j'attends."

Alors, je lui ai expliqué que mon mari avait écrit un livre contenant des témoignages de diverses personnes qui avaient connu une intervention de Dieu dans leur vie. La jeune fille me dit spontanément:

- "Ce livre-là, je voudrais bien le lire."

C'était le soir, et Stig venait de quitter l'hôpital pour rentrer à la maison. Il avait sans doute déjà mis la voiture au garage, mais je lui ai téléphoné quand même. Je lui ai parlé en français pour que la jeune fille ne comprenne pas notre conversation.

- "Stig, je n'ai plus de livres. Je ne savais pas qu'il m'en fallait encore. Il y a une jeune fille dans la même salle que moi. Elle veut bien lire le livre, mais elle est très malade et je ne sais pas si elle sera encore là demain matin."

- "Je sors la voiture et je reviens tout de suite," m'a-t-il dit.

La jeune fille a reçu le livre et peu de temps après, les médecins sont venus lui dire qu'il était préférable qu'elle soit transférée au service des urgences pour qu'on puisse mieux l'aider. Et moi, on m'a encore déplacée dans une autre salle.

Joies et tristesse

Dès que j'ai obtenu une place dans une chambre seule au Centre de Convalescence, j'ai demandé aux frères anciens de venir prier pour moi et m'oindre d'huile au nom du Seigneur. Cela fut un moment béni. Quelques semaines après, je suis rentrée à la maison et depuis je vais de mieux en mieux et grâce à Dieu je continue à vivre! Dieu renouvelle nos forces après un temps de maladie selon sa promesse dans Hébreux 11:34. **"Par la foi, ils reprirent vigueur après la maladie."**

Mais savez-vous ce que j'ai appris peu de temps après avoir quitté l'hôpital? J'ai appris que la jeune fille à qui j'avais parlé le soir était décédée un peu plus tard dans la nuit. J'ai même lu un article dans le Journal de Moss qui relatait ce drame. Sur la première page, il y avait une photo de la jeune fille et de sa sœur. Celle-ci s'engage désormais dans un combat pour encourager le don d'organes en cas de décès. Cela pourrait sauver bien des vies. Dans le journal, le médecin responsable des transplantations d'organes exprimait ses vifs regrets de ne pas avoir trouvé un cœur disponible qui aurait pu sauver la vie de cette jeune fille.

Nous sommes tous des voyageurs en route vers l'éternité. La mort peut parfois être une délivrance de souffrances insupportables. Mais, bien souvent, elle se présente dans toute sa cruauté. Elle fauche des êtres humains à la fleur de l'âge et elle nous sépare de ceux que nous aimons. Au début de ma maladie, j'ai bien cru qu'elle allait me séparer de ceux que j'aime. Après ma sortie de l'hôpital, mon mari et moi étions heureux que cette séparation soit encore partie remise. Et, depuis nous remercions Dieu tous les jours d'être encore tous les deux en vie.

Épreuve changée en bénédiction

Par la suite, plusieurs amis m'ont dit: "Tu es passée par une rude épreuve." J'ai réfléchi un instant. Épreuve? Non, pour moi, ce n'était pas vraiment une épreuve, mais plutôt une grande bénédiction. Car, j'ai réalisé combien le Seigneur Jésus était près de moi. J'ai vraiment vécu ce que dit le Psaume 23: **"L'Éternel est mon berger, je ne manquerai**

de rien. Il me fait reposer dans de verts pâturages. Il me dirige vers des eaux paisibles. Il restaure mon âme. Il me conduit dans les sentiers de la justice à cause de son nom. Même quand je marche dans la vallée de la mort, je ne crains aucun mal, car tu es avec moi."

Oui, j'étais surtout émerveillée par le secours que Dieu m'avait apporté. Dans la Bible, il est aussi dit au sujet de ceux qui mettent leur confiance en Dieu: **"Dans toutes leurs détresses, ils n'ont pas été sans secours, et l'ange qui est devant sa face les a sauvés."** (Ésaïe 63:9)

N'oublie aucun de ses bienfaits.

Par ces paroles, le psalmiste David nous exhorte à nous souvenir des dons et des faveurs que Dieu nous accorde durant notre vie. Je viens de vous raconter comment le Seigneur m'a merveilleusement secourue pendant ce temps de maladie que j'ai dû traverser, alors que je m'approchais de mon quatre vingtième anniversaire. Il est vrai que je n'ai pas retrouvé toutes les forces que j'avais auparavant. Je marche et je monte les escaliers un peu plus lentement qu'auparavant. Mais je suis en vie! Et je suis encore active! Pourtant, ce que je viens de vous raconter n'est pas la seule intervention de Dieu que j'ai connue dans ma vie. Comme le psalmiste je peux dire : *"Tu es mon espérance, Seigneur Éternel! En toi, je me confie dès ma jeunesse."* Oui, je pourrais même ajouter *dès mon enfance"*. Car, j'ai découvert l'amour de Jésus et connu la joie du salut lorsque j'étais encore une enfant. En effet, j'avais à peine sept ans lorsque mon cœur d'enfant a été touché par les paroles de l'Évangile. Voici comment cela s'est passé.

Une jeune salutiste apporte la bonne nouvelle à ma famille.

Je ne me souviens pas que mes parents m'aient parlé même une seule fois de Jésus ou qu'ils aient prié avec moi et mon jeune frère, lorsque nous étions petits. Mon père était tailleur et il avait son atelier dans une des pièces de notre appartement. Parfois, une jeune fille venait l'aider dans son travail et elle gardait aussi mon frère et moi, lorsque nos parents étaient très occupés. Cette jeune fille était "salutiste", c'est à dire qu'elle était membre de l'Armée du Salut. Un jour, elle a demandé à ma mère si elle pouvait m'emmener dans une réunion pour enfants qui avait lieu au temple de l'Armée du Salut en plein centre-ville. Ma mère a tout de suite été d'accord, car mes parents n'étaient pas contre la foi chrétienne. Ils croyaient bien à l'existence de Dieu et à une vie éternelle, mais ils n'avaient pas compris grand chose du message de l'Évangile.

Ce que j'ai entendu déjà lors de la première réunion a profondément touché mon cœur d'enfant. Le salutiste qui présidait les réunions a annoncé que celles-ci allaient continuer tous les après-midis de la semaine. De retour à la maison, j'ai tout de suite demandé à ma mère la permission d'aller toute seule aux réunions suivantes. La jeune salutiste qui m'y avait amenée la première fois devait souvent vaquer à d'autres occupations. Malgré mon jeune âge, j'avais déjà l'habitude d'aller en ville toute seule. Ma mère m'a donc autorisée à me rendre au temple salutiste sans me faire accompagner.

Les messages que j'ai entendus pendant les après-midis suivants m'ont profondément impressionnée. L'Évangile était présenté d'une manière claire et simple. Tout cela était nouveau pour moi. Pourtant, j'ai compris que j'avais péché, et aussi que Jésus Christ avait donné sa vie sur la croix pour me sauver. Un profond désir de mieux connaître Jésus a commencé à monter du fond de mon cœur. A l'Armée du Salut, on invite souvent ceux qui veulent répondre à l'appel de Dieu à s'avancer et à s'agenouiller au "banc des pénitents". C'est là que chacun peut confesser ses péchés, demander pardon à Dieu et confier sa vie à Jésus Christ. Une telle invitation a été donnée à la fin de la semaine. Alors, un bon nombre d'enfants se sont avancés pour bien montrer qu'ils voulaient recevoir le Seigneur Jésus dans leur vie, et moi j'étais de leur nombre. Les responsables salutistes ont prié avec chacun de nous et ont lu des textes de la Bible. On m'a aussi donné un petit Nouveau Testament.

Combien j'étais heureuse lorsqu'en courant j'ai repris le chemin de la maison! Quelque chose de nouveau avait commencé dans ma vie. J'en étais absolument convaincue. Et, au fond de mon cœur une voix m'a dit : "Åse, maintenant tu as ouvert ton cœur au Seigneur Jésus, désormais, tu ne pourras plus mentir." Je ne pouvais pas me rappeler exactement quand j'avais menti, mais je l'avais sûrement fait. Maintenant, je savais que quelque chose de nouveau avait commencé dans ma vie! C'est seulement plus tard que j'ai compris que c'était le Saint-Esprit qui m'avait parlé et qui avait commencé son œuvre en moi. Dès le début, je désirais obéir à tout ce que j'avais compris concernant la volonté de Dieu.

En rentrant à la maison, j'ai spontanément exprimé la joie qui jaillissait de mon cœur et j'ai dit à ma mère:

"Maman, maintenant j'ai reçu le Seigneur Jésus dans mon cœur et suis sauvée!"

Ma mère m'a regardée, manifestement surprise et tout de suite de grosses larmes ont commencé à couler le long de son visage. J'ai trouvé cela étrange, car moi-même, j'étais tellement joyeuse. C'est seulement un peu plus tard que je lui ai posé la question:

"Maman, pourquoi as-tu pleuré lorsque je suis venue te dire que j'étais sauvée parce que j'avais accepté Jésus comme mon Sauveur?" Alors, ma mère m'a dit:

"Tu avais à peine sept ans et tu n'avais pas commis de péché. Moi, j'avais déjà trente ans et je m'étais souvent demandé comment obtenir une place dans la félicité éternelle."

C'était sa façon de voir les choses. Moi, malgré mon jeune âge, j'avais compris que j'avais déjà péché et que j'avais besoin d'un Sauveur.

Je me souviens que par la suite, j'éprouvais une grande joie en lisant le petit Nouveau Testament que l'on m'avait donné. Je peux encore voir ce petit livre bleu cartonné. Avec un petit crayon de couleur, je soulignais des versets qui me touchaient particulièrement. Je me souviens que, remplie de joie et d'étonnement, je courais parfois vers ma mère pour lui montrer les beaux versets que j'avais découverts. Il y avait surtout une promesse du Seigneur Jésus lui-même que je relisais souvent lorsque le doute voulait s'emparer de mon cœur d'enfant. C'était ces paroles: *"Je ne mettrai pas dehors celui qui vient à moi."* Évangile de Jean 6 : 37 et *"Voici: Je me tiens à la porte et je frappe. Si quelqu'un entend ma voix et ouvre la porte, j'entrerai chez lui, je souperai avec lui et lui avec moi."* Apocalypse de Jean 3:20.

Plus tard, mes parents m'ont aussi rappelé qu'un jour, je leur avais dit: "Maman et Papa, vous devez aussi recevoir Jésus dans vos cœurs. Si vous ne le faites pas, je ne vous verrai pas au ciel lorsque j'y serai."

Heureusement, mes parents ont accepté la foi en Jésus Christ environ un an plus tard. Un prédicateur tenait des réunions d'évangélisation dans une grande salle et c'est au cours de ces réunions que mes parents ont tous deux confié leur vie à Jésus Christ. Par la suite, j'ai donc eu le privilège de grandir dans une famille chrétienne, et nous avons trouvé un foyer spirituel dans une église évangélique, où j'ai été baptisée à l'âge de quatorze ans.

Mais les bienfaits de Dieu envers moi ne s'arrêtent pas là. Quelques années plus tard, j'ai encore vécu qu'Il est vraiment le Tout-Puissant.

Guérie d'une maladie du cœur.

A l'âge de 16 ans, j'ai commencé à avoir des problèmes de santé. Selon le médecin j'avais un dysfonctionnement d'une valvule cardiaque. J'étais alors au lycée et mon médecin m'a fourni une attestation écrite qui me dispensait des cours d'éducation physique. Je devais participer que selon mes forces. Je ne devais ni courir, ni nager, ni faire du vélo. Je devais aussi éviter les émotions fortes et subites.

L'église à laquelle j'appartenais avait beaucoup d'activités, entre autres plusieurs groupes de chanteurs. Je faisais partie de la chorale, mais après quelque temps, j'ai dû cesser ma participation. Je n'avais pas la force de rester debout aussi longtemps que les autres choristes. Souvent, nous chantions plusieurs cantiques de suite et parfois, les forces me manquaient pour aller jusqu'au bout du dernier cantique. J'étais alors obligée de m'asseoir, et je trouvais cela bien pénible, puisque tous les autres restaient debout.

Je m'efforçais de bien suivre les conseils du médecin. Mais malgré cela, je me réveillais parfois au milieu de la nuit parce que j'avais du mal à respirer. Je devais alors rester assise dans mon lit avec plusieurs coussins dans le dos.

Et, voici qu'un jour, un pasteur est venu dans notre église pour tenir une série de réunions. Sa prédication était claire et simple et elle suscitait foi, confiance et espoir chez les auditeurs. Il avait aussi compassion de ceux qui souffraient et il priait pour les malades. Il ne faisait pas de propagande tapageuse promettant guérisons et miracles, mais il priait pour les malades en toute simplicité. Sa renommée s'est pourtant fait connaître en ville et notre petit temple a bientôt été archicomble. Même à la galerie, toutes les places étaient occupées. Bien que je ne fasse plus partie de la chorale, on m'a demandé de prendre place sur l'estrade avec d'autres membres de l'église pour laisser des places libres pour les nouveaux venus qui arrivaient en nombre croissant.

Une ambiance spirituelle puissante régnait dans ces réunions. Chaque soir, un grand nombre de personnes de tout âge s'avançaient pour que le pasteur et ses collaborateurs prient pour eux, que ce soit pour des besoins spirituels ou physiques.

Je croyais que Dieu avait le pouvoir de guérir, comme Il avait le pouvoir de sauver. Mais, je ne savais pas si je devais m'avancer pour que l'on prie pour moi. Peut-être fallait-t-il que j'apprenne à vivre avec mon problème cardiaque, même si cela était difficile. Dans mon bureau à la Banque Postale où je travaillais, il m'arrivait de pleurer un peu en cachette. J'aimais bien mon travail. Cela n'était donc pas un problème. Mais, depuis mon adolescence, je pensais souvent à ceux qui avaient peu de connaissance de l'Évangile. Dans ma tendre enfance, cela avait été mon cas aussi. Maintenant, je ressentais un fardeau pour tous ceux qui étaient encore ignorants de la puissance de l'Évangile.

J'avais un désir ardent de servir Dieu parmi eux. Je ne savais pas dans quel pays ou parmi quel peuple je devais servir. Mais, j'avais un pressentiment que je ne resterais pas dans mon pays natal. Je savais que mon problème cardiaque était un obstacle insurmontable. Il était sans doute exclu que je puisse aller à l'étranger. Parfois, j'avais prié le Seigneur en disant:

"Seigneur, si tu veux m'envoyer dans un autre pays, il faut que Tu me donnes la même force que tu as donnée à tes premiers disciples. Et Tu dois aussi me guérir!"

Toutes ces pensées traversaient mon esprit, alors que le prédicateur donnait son invitation habituelle à tous ceux qui désiraient s'approcher pour un moment de prière. Plusieurs personnes s'étaient déjà levées. Mais, le prédicateur est resté à côté de la chaire en attendant que d'autres viennent encore. Soudain, il a dit:

"N'y a-t-il pas ici quelqu'un qui souffre d'une maladie cardiaque?"

J'ai d'abord été un peu perplexe. Etait-il question de moi? J'ai réfléchi un peu, puis, je me suis levée pour aller vers les quelques marches d'escalier qui conduisaient au niveau de l'auditoire. Mais, à la seconde marche le courage m'a manqué, lorsque j'ai vu le grand nombre de personnes qui s'approchaient. J'ai fait demi-tour pour retourner à ma place derrière tous les autres sur l'estrade. Alors, le prédicateur s'est approché de moi et à voix basse, il m'a demandé si j'étais malade. En peu de mots, je lui ai expliqué ma situation. Il a mis sa main sur mon épaule et toujours à voix basse, il a prononcé une prière pour ma guérison. Puisque d'autres personnes continuaient à s'approcher, je crois que l'auditoire n'a même pas remarqué que le prédicateur a prié pour quelqu'un parmi les jeunes sur l'estrade avant de descendre vers les autres personnes. Je n'ai rien senti au moment de sa prière. Mais, j'étais émue et j'ai pleuré un peu en cachette en regagnant ma place.

A partir de ce soir-là, les problèmes de respiration, qui troublaient souvent mes nuits, ont complètement disparu! Je pouvais aussi reprendre ma place dans la chorale, car je pouvais rester debout aussi longtemps que les autres sans problème. Tous les autres symptômes de ma maladie ont également disparu. Parfois, je me demandais: "Combien de temps cela va-t-il durer?"

Mais, les jours sont passés et les réunions continuaient toujours. Finalement, notre temple s'est avéré trop petit et il a fallu louer une plus grande salle avec plusieurs milliers de places. Le même prédicateur, avec l'aide d'un grand nombre de collaborateurs de mon église, a continué à annoncer la Parole de Dieu et à prier pour des personnes en détresse. Dans une de ces grandes réunions, on m'a demandé si je voulais donner un témoignage de ce que j'avais vécu. Alors, j'ai osé me présenter devant ce grand auditoire et expliquer que ma souffrance cardiaque avait totalement disparu après la prière quelques semaines auparavant. Je n'ai pas osé utiliser des termes tels que "guérison miraculeuse". J'ai simplement dit que je ne me sentais plus malade, et que pour moi c'était vraiment merveilleux. C'était un bienfait inestimable.

Par la suite. j'ai continué à chanter dans les cultes avec la chorale, et aussi en soliste. Je me suis aussi engagée comme monitrice à l'école du dimanche. Quelle joie de parler du Seigneur Jésus aux enfants! Le renouveau spirituel dans notre église a aussi suscité une grande ferveur pour l'évangélisation. Un certain nombre de jeunes et quelques personnes d'âge plus mûr ont formé une équipe ensemble. Le but était de partir évangéliser des régions négligées par le témoignage chrétien. Nous avons connu beaucoup d'expériences bénies au cours de ces tournées d'évangélisation. J'en garde de précieux souvenirs.

Bien des décennies après la guérison de ma maladie cardiaque, j'ai dû subir une intervention chirurgicale à la suite d'un accident. Avant l'opération, le médecin m'a demandé si j'avais eu d'autres souffrances ou maladies dans le passé. J'ai alors mentionné mon problème cardiaque et sa nature. En regardant mon cardiogramme, le médecin m'a simplement répondu: "Pensez-vous!"

Ce que le Seigneur avait fait de longues années auparavant, Il l'avait bien fait!

Maintenant je voudrais vous raconter une autre expérience que je n'oublierai jamais.

Protégée d'un danger que je n'avais pas vu

C'était au début de l'automne, il y a quelques années. Nous étions en Norvège pour visiter des églises. Quelques semaines plus tard, nous devions retourner à notre ministère sur le continent européen. Une tâche plutôt ardue nous y attendait. Nous allions déménager non seulement dans une autre maison, mais dans une autre ville. On nous avait dit que dans cette ville, l'occultisme sous diverses formes était très répandu parmi la population. Il y avait de nombreux guérisseurs, devins et diseuses de bonne aventure. C'était la raison pour laquelle nous avions une certaine crainte en pensant à ce déménagement. Cela nous poussait à faire appel à nos amis norvégiens pour qu'ils continuent à prier fidèlement pour nous.

Quelquefois, on me demandait de donner un petit témoignage après la prédication de Stig, et c'est ce que j'ai fait à la fin d'une réunion dans le sud de la Norvège.

J'ai expliqué que dans la région où nous allions déménager, les chrétiens qui lisaient la Bible avaient été mis à mort pour leur foi au treizième siècle. Bien sûr, nous savions que nous ne serions pas mis à mort, mais que nous aurions **"à lutter contre les principautés, contre les pouvoirs, contre les dominateurs des ténèbres d'ici-bas, contre les esprits du mal dans les lieux célestes."** Epître aux Ephésiens 6:12.

En reprenant ma place après ce témoignage, j'ai été envahie de pensées négatives et d'un profond sentiment de découragement. C'était comme si quelqu'un me disait:

"Personne n'a compris quoi que ce soit de ce que tu as dit ce soir. Tu t'es tellement mal exprimée. Ne demande plus aux chrétiens de prier pour votre travail! Ne prends plus jamais la parole en public!"

En quittant la salle après la réunion, je me sentais vraiment découragée et j'avais les larmes aux yeux. Mon mari l'a remarqué et il m'a demandé si je me sentais bien. Je lui ai seulement dit:

"As-tu compris ce que j'ai dit dans mon témoignage?"

"Bien sûr, je t'ai comprise!" m'a-t-il répondu en s'avançant vers la porte pour saluer les personnes sortantes.

Puis, nous avons pris place dans notre voiture pour aller chez une famille qui nous avait invités à prendre une collation avant d'aller plus loin.

La maison de cette famille avait été construite sur un rocher et venait tout juste d'être terminée. On pouvait imaginer qu'il avait fallu plus d'un kilo de dynamite pour aplanir le rocher et faire les fondations de cette villa. Au rez-de-chaussée, il y avait un garage et d'autres dépendances. L'appartement se trouvait au premier étage. J'y suis montée la première et je suis arrivée dans une grande pièce qui faisait salle à manger et salon combinés. Comme la journée avait été assez chaude, une chaleur lourde et pesante y régnait. Mais, à l'autre bout de la pièce, il y avait une porte ouverte vers l'extérieur, donnant sans doute sur un balcon ou une terrasse. J'ai senti l'air frais venant de cette porte.

Dehors, il faisait déjà presque nuit, alors que la grande pièce était largement éclairée. Ma première pensée était de sortir sur le balcon, prendre un peu d'air frais et sécher mes larmes. Mais, juste au moment où j'allais franchir le seuil de la porte, j'ai clairement entendu une voix qui m'a dit: "Åse, assieds-toi, car maintenant tu es très fatiguée." Sur le coup, je n'ai pas tout à fait réalisé que j'avais effectivement entendu une voix. J'ai simplement ressenti la grande fatigue qui m'accablait. Juste à côté de la porte ouverte, j'ai aperçu un fauteuil confortable. Sans autre réflexion, je m'y suis assise, et j'ai ainsi pu confortablement respirer l'air frais sans sortir.

Quelques instants plus tard, mon mari a pris le même escalier que moi. Arrivé dans la grande pièce éclairée, il a sans doute remarqué la chaleur lourde qui y régnait, et il a aussi senti l'air frais qui venait de la porte ouverte. Il est allé vers cette porte et j'ai pensé qu'il allait sortir pour respirer un peu d'air frais. Mais, il s'est brusquement arrêté sur le pas de la porte et s'est exclamé: "Oh là là, ça c'est dangereux! Ils ont laissé la porte ouverte, mais il n'y a pas de balcon!"

J'ai sursauté dans mon fauteuil.

"Qu'est-ce que tu dis ? Il n'y a pas de balcon?"

"Non", a-t-il dit, "Viens voir."

Tout perplexes, nous avons regardé le grand vide par la porte ouverte. Dans la demi-obscurité à l'extérieur, nous pouvions à peine distinguer un énorme tas de pierres rondes et pointues à plus de deux mètres au-dessous de nous.

"Mais alors c'est peut-être un ange de Dieu qui m'a parlé!" ai-je expliqué à mon mari.

J'avais les yeux pleins de larmes et je n'ai pas vu qu'il n'y avait pas de balcon derrière cette porte. J'étais prête à en franchir le seuil lorsque quelqu'un m'a dit: "Åse, assieds-toi car tu es très fatiguée." Alors, je me suis assise dans le fauteuil juste à côté de la porte.

Le couple qui nous avait invités n'avait pas pensé au fait que mon mari et moi ignorions que le balcon n'avait pas encore été construit. Les autres invités le savaient. Mais, en tout cas, si j'avais été bien découragée en sortant de la réunion ce soir-là, je ne l'étais plus en quittant la maison sans balcon. Je ne pouvais pas m'empêcher de penser aux paroles du Psaume 91:11-12. *"Il donnera pour toi des ordres à ses anges pour te garder dans toutes tes voies. Ils te porteront sur les mains, de peur que ton pied ne heurte contre une pierre."* Ce soir-là, j'aurais pu non seulement heurter mon pied contre une pierre, mais tomber d'une hauteur de 2 mètres 50 sur un tas de grosses pierres dures et pointues. Dieu seul sait quelles auraient été les conséquences d'une telle chute. J'aurais sans doute pu me tuer ou tout au moins être handicapée pour le restant de mes jours.

Est-ce trop enfantin de croire à un ange gardien? Pour moi, c'est tout naturel d'y croire après avoir vécu une protection divine aussi évidente. Cela ne veut pas dire que je sois capable d'expliquer pourquoi des accidents et des catastrophes touchent parfois aussi ceux qui mettent leur confiance en Dieu. Nous ne sommes pas toujours protégés de tout. Tout à l'heure, je vous ai aussi raconté qu'une fois j'ai dû subir une intervention chirurgicale, à la suite d'un accident. Mais ici, je vous raconte simplement ce que j'ai vécu lors de nos voyages dans le sud de la Norvège. Il m'est impossible de douter d'une protection divine dans ce cas précis. Je crois aussi que les anges de Dieu nous protègent et nous mettent bien souvent hors de danger sans que nous en soyons conscients.

Remède contre l'angoisse et la déprime

Lorsque nous habitions dans une ville de l'est de la France, nous avons fait la connaissance d'une institutrice. Ceci tout simplement parce que notre fille Anne-Marie, âgée de six ans, était une de ses élèves. Un jour, en rentrant de l'école, Anne-Marie m'a dit: "Maman, ma maîtresse est très triste, elle pleure souvent."

Notre fils aîné Roland, qui avait deux ans de plus qu'Anne-Marie, allait à la même école. Habituellement, je me rendais à l'école de mes enfants au début de l'année scolaire, mais je n'avais pas eu l'occasion de saluer la maîtresse d'Anne-Marie. Un jour, alors que j'étais dans un grand magasin avec ma fille, elle m'a dit: "Maman, la dame là-bas, c'est ma maîtresse!"

Je me suis approchée d'elle, et comme j'étais avec Anne-Marie, elle a sans doute compris qui j'étais, avant même que je me présente. Nous avons eu une très bonne conversation. Lorsque Noël approchait, je préparais habituellement une boîte de chocolats avec une carte de Noël que mes enfants apportaient à leur maîtres. J'ai fait la même chose pour la maîtresse d'Anne-Marie, et en bas de la carte de Noël, je lui ai souhaité la bénédiction de Dieu. Elle m'a répondu par une petite carte de remerciement en disant qu'elle souhaitait me revoir et me parler.

Je me souviens fort bien de cette conversation et des autres par la suite. Cette institutrice avait connu de grandes épreuves. Son mari avait traversé une longue maladie avec beaucoup de souffrances. Finalement, il était décédé. Cette mort douloureuse du mari avait ébranlé la foi de cette dame. Elle a sombré dans une profonde dépression où seuls les médicaments pour les nerfs et les somnifères l'aidaient à tenir le coup, et encore difficilement. Elle habitait un bel appartement où par la fenêtre, elle pouvait apercevoir la grande colline avec la statue de la Vierge. Mais, les prières qu'elle lui adressait ne semblaient pas faire grand effet.

Je lui ai demandé si elle avait une Bible, mais ce livre lui était encore inconnu. Comme beaucoup d'autres, elle avait sans doute entendu dire qu'il était incompréhensible pour tous ceux qui n'avaient pas fait d'études de théologie. Alors, je lui ai fait cadeau d'une Bible et assez souvent je lui rendais visite et alors, nous lisions la Bible ensemble.

Après quelque temps, j'ai eu la joie de constater que les paroles de l'Évangile dans leur pureté et leur simplicité pouvaient vraiment apporter consolation et réconfort à une personne profondément découragée et marquée par une dure épreuve. Bientôt, elle a pu pour ainsi dire supprimer tous les remèdes qu'elle prenait, et elle a pu poursuivre son travail à l'école avec un courage renouvelé. Mais, elle restait toujours très attachée à sa piété mariale.

Un jour, elle est venue assister à un culte dans notre église et elle a entendu un cantique dont les paroles ont profondément touché son cœur. Voici ces paroles:

"Merveilleux amour, amour de Dieu pour moi, Merveilleux amour de Jésus sur la Croix, Vaste autant que les océans, profond plus que les mers, Haut, plus haut que l'azur des cieux est son amour."

Spontanément, elle nous a dit: "Monsieur et Madame Andreasson, vous allez chanter ce cantique au mariage de ma fille, qui va avoir lieu bientôt. Je voudrais que ce chant soit chanté dans l'église."

L'institutrice connaissait un prêtre exerçant son ministère dans un village tout près de Verdun, où une des batailles les plus meurtrières de la première guerre mondiale avait eu lieu. Ce prêtre était un ami de longue date de la famille. Il était donc normal que ce soit lui qui préside la cérémonie du mariage et c'est ainsi que nous avons fait sa connaissance.

Le mariage devait avoir lieu dans un petit village des montagnes du Jura. La messe de mariage était entièrement en latin avec une musique grégorienne. Une très belle musique, mais pas toujours facile à jouer. Je me rappelle que le prêtre qui tenait l'orgue avait des gouttes de sueur sur le front en déchiffrant la partition qu'il essayait de suivre tant bien que mal. Au milieu de cette cérémonie extrêmement solennelle, mon mari et moi devions, selon les instructions reçues, nous présenter à côté de l'autel et avec l'accompagnement de ma guitare, chanter notre petit cantique. Ce que nous avons fait.

Il y a eu rupture de style, c'est sûr, mais tout le monde semblait très heureux. Devant l'église, après la cérémonie, les gens tournaient autour des nouveaux mariés, et naturellement, surtout autour de la mariée qui, dans sa longue robe blanche, était le personnage le plus remarqué et admiré de tous. Mais, il y avait des gens qui tournaient autour de nous et de notre guitare aussi, et quelqu'un s'est exclamé:
"Heureusement que vous étiez là. Votre chant était à peu près tout ce que nous avons compris de toute la cérémonie."

Ces paysans jurassiens n'étaient sûrement pas très versés dans la langue latine.

"Même au milieu du rire le cœur peut être affligé." (Proverbes 14 :13)

Le festin du mariage, qui a suivi la belle cérémonie à l'église, était préparé dans une grande salle où les tables étaient déjà mises. Pendant l'excellent repas, mon mari a saisi l'occasion d'adresser quelques mots au jeune couple. Nous avions acheté une belle Bible reliée de cuir blanc qui convenait bien à un jeune couple. Mon mari a dit quelques mots sur toutes les bénédictions que la Bible avait apportées dans notre foyer, en souhaitant que les jeunes mariés puissent connaître la même joie de lire ce livre précieux.

Lorsque mon mari s'est avancé pour remettre la Bible aux jeunes époux, nous pouvions apercevoir le prêtre qui était assis un peu plus loin sur notre droite. Son visage était comme illuminé d'une joie sincère et son sourire exprimait une grande satisfaction. Même s'il n'avait pas lui-même offert de Bible aux jeunes époux durant la cérémonie à l'église, il n'était pas du tout opposé à ce que nous le fassions. Bien au contraire, il semblait en être enchanté.

Pendant le repas, la coutume exigeait que l'on demande aux invités de se lever les uns après les autres pour chanter une chanson. Oncles et tantes, amis et voisins, tout le monde devait chanter quelques strophes. Et, ils ont chanté ! La personne qui nous a particulièrement impressionnés et qui a reçu les applaudissements les plus enthousiastes, était une vieille dame qui a chanté une chanson d'une dizaine de strophes. De toute évidence, elle connaissait toute la chanson par cœur et elle articulait nettement chaque mot malgré le fait qu'elle n'avait plus une seule dent dans sa bouche. Toute la chanson était une récapitulation de tous les vins connus dans le Jura.

Après un moment tout le monde s'est mis à crier: "Monsieur et Madame Andreasson, une chanson! Monsieur et Madame Andreasson, une chanson!"

Il fallait obéir. Mais, nous étions obligés d'expliquer que nous ne connaissions pas de chanson du genre de celles que nous venions d'entendre. Pourtant, peut-être pourrions-nous chanter quelque chose de semblable à ce que nous avions chanté à l'église. Tout le monde a tout de suite exprimé son consentement avec enthousiasme.

Nous n'étions guère préparés pour chanter à cette occasion, mais il y a peu de temps nous avions nous-mêmes écrit un cantique d'évangélisation qui pouvait être chanté sur une mélodie connue. J'avais écrit les paroles sur une feuille de papier que j'avais dans mon sac. Comme nous n'avions pas d'autres textes sous la main, il a fallu prendre celui-là. Mais, lorsque nous y repensons longtemps après, nous réalisons que le contenu de ce cantique a dû paraître étrange à nos auditeurs. La première strophe commençait par ces paroles:

"Âme lassée, qui vit loin de ton Sauveur, écoute sa voix qui te parle aujourd'hui"

Chanter cela dans un festin de noces, où beaucoup de participants avaient commencé à être un peu gais et exubérants, peut sans doute paraître étrange. Mais après avoir chanté quelques strophes, nous avons remarqué que plusieurs avaient les larmes aux yeux. Et, par la suite, les blagues un peu osées que quelques-uns avaient commencé à sortir de leurs réserves ont immédiatement pris fin.

Avant de quitter le petit village le lendemain matin, nous avons eu l'occasion de parler un peu avec les paysans voisins qui avaient aussi assisté au mariage. Nous avons tout de suite compris que nous avions gagné leur confiance. Nous avons eu des conversations très ouvertes et chaleureuses. Nous avons bien réalisé que les grandes questions de notre existence tourmentent encore beaucoup de monde.

"D'où venons-nous ? Pourquoi sommes-nous ici ? Et où allons-nous?"

Ces questions sont là, même au milieu d'une fête exubérante.

Le Prêtre, qui avait présidé à la cérémonie du mariage, nous a témoigné la même confiance et la même ouverture d'esprit. Plus tard, il est venu nous rendre visite et nous a fait comprendre qu'il souhaitait que toutes les églises, y compris celle qu'il servait, puissent revenir aux sources, c'est à dire à la pureté de la foi telle qu'elle est décrite dans le Nouveau Testament. Nous avons aussi eu le plaisir de passer chez lui dans son village près de Verdun. A cette occasion, il nous a fait visiter des endroits fort intéressants. Plus tard, nous avons appris son décès. Nous gardons de lui le souvenir d'un personnage noble et attachant.

Notre amie l'institutrice a poursuivi sa carrière jusqu'à sa retraite. Elle a changé de domicile, elle s'est remariée, mais a connu le veuvage une seconde fois. Par les lettres que nous avons échangées et par les conversations téléphoniques, j'ai compris que ce sont les promesses de la Bible qui lui ont donné force et courage pour traverser tous ces moments difficiles. Elle a vraiment expérimenté les paroles de Jésus: **"Venez à moi vous tous qui êtes fatigués et chargés et je vous donnerai du repos."** (Matthieu 11:28)

Peu de temps avant son décès, elle m'a écrit: "Maintenant, je suis vraiment venue à Jésus. Il est mon Sauveur personnel."

Dieu entend la prière – aussi pour quelqu'un qui se dit athée

Notre amie l'institutrice avait des voisins qui approchaient de l'âge de la retraite. Le monsieur était directeur d'une école. Il se disait plutôt athée, mais son épouse était de ceux qui cherchent et qui se posent des questions. Néanmoins, aucun d'eux ne pratiquait la religion héritée de leurs pères. Nous les avons rencontrés quelquefois et un jour, nous avons appris par cette dame que son mari était gravement malade. La fin de sa vie pouvait même être toute proche.

Un jour, lorsque nous avons rendu une courte visite à l'institutrice avant de prendre la route pour une ville voisine où une église nous attendait, l'épouse de ce directeur d'école est venue sonner à la porte. Elle était totalement désespérée et expliqua qu'elle avait été obligée d'appeler le docteur, car son mari souffrait beaucoup et tout semblait indiquer que la fin était proche.

Nous avons expliqué que nous étions attendus pour une réunion dans une église voisine et qu'il nous fallait partir sans tarder. Alors elle dit: "Voulez-vous, s'il vous plaît, prier pour mon mari lors de cette réunion? Expliquez bien à tout le monde qu'il est très, très malade." Nous avons promis de le faire, et ce soir-là, nous avons prié tous ensemble avec nos amis de cette église voisine. Nous avons demandé à notre Père céleste, qu'au nom du Seigneur Jésus-Christ, Il daigne prolonger la vie de ce monsieur athée, afin de lui donner le temps de réfléchir et de trouver le chemin de la vie.

Quelques jours plus tard, nous sommes allés voir ce couple. Alors, le mari allait beaucoup mieux. Son épouse lui avait expliqué qu'elle nous avait demandé de prier pour lui lors de notre réunion dans la ville voisine. Durant la conversation qui a suivi, ce monsieur athée a semblé bien moins sûr de son athéisme, et nous avons pu parler des problèmes de la vie et de la foi en Dieu sans opposition de sa part. L'amélioration inattendue de son état de santé avait quand même coïncidé avec une réunion de prière! Et, en réponse à la prière, il a effectivement vécu assez longtemps encore.

Chaque fois que nous rencontrions l'épouse de ce monsieur par la suite, son visage était rayonnant de reconnaissance et de joie. Elle a vraiment eu une conviction très forte que non seulement Dieu existe mais aussi qu'Il exauce nos prières. Bien des années se sont écoulées depuis, et je ne me souviens pas exactement combien de temps le mari a vécu par la suite. Mais en tout cas, sa vie a été bien prolongée, et même après son décès son épouse a gardé sa confiance en Dieu. Elle a commencé à lire la Bible et surtout les Psaumes. Dans son enfance elle avait appris des prières par cœur, mais celles-ci ne correspondaient plus à son état d'âme. Elle était à la recherche du salut et voulait trouver la paix et le repos de son âme. Mais elle n'arrivait pas à prier par ses propres paroles.

Un jour, elle a demandé à mon mari s'il voulait bien lui écrire une prière qu'elle pourrait utiliser lorsque dans sa solitude, elle s'approcherait de Dieu. Il a donc écrit une prière toute simple adaptée à celui qui veut s'approcher du Seigneur, mais qui a du mal à trouver les mots qu'il faut. Il a expliqué que selon la Bible: **"Quiconque invoquera le nom du Seigneur (Jésus) sera sauvé."** (Romains 10 :13) Et, aussi que: **"Tous ceux qui reçoivent le Seigneur Jésus par la foi deviennent enfants de Dieu."** (Jean 1:12)

En poursuivant, il a également souligné que le Seigneur peut nous sauver et nous pardonner parce qu'il a porté nos péchés sur la croix et tout ce qu'Il nous donne est pure grâce, donc non mérité.

Mon mari m'a dit plus tard qu'il s'était senti un peu perplexe, lorsqu'une personne d'un milieu aussi intellectuel et aussi aisé lui avait demandé d'écrire une prière pour l'aider à communiquer avec Dieu.

Mais, Dieu connaît les cœurs et je me sentais rassurée et heureuse. Je suis absolument convaincue qu'en faisant cette prière toute simple, cette dame ouverte et sincère aura trouvé le salut, le repos de son âme et une vie éternelle avec Dieu. Car pour répondre à nos prières, Dieu ne regarde, ni à nos capacités de bien formuler notre requête, ni à notre niveau spirituel proprement dit. Il tient seulement compte de notre besoin.

Une vision de la grâce de Dieu au milieu du combat

Durant certaines périodes, nous avons été, malgré nous, engagés dans des combats de délivrance pour des personnes ayant de graves problèmes psychiques et spirituels, suite à des pratiques occultes ou à des contacts répétés avec ceux qui se livraient à ces pratiques. Dans de telles circonstances, la prière a une importance primordiale. Plusieurs fois, nous avons vu et vécu combien la prière au nom de Jésus est une arme puissante pour lutter contre les puissances du mal. Aussi, l'ennemi de nos âmes cherche-t-il à nous décourager dans ce domaine. Il craint la prière faite au nom de Jésus. Pourtant, la Bible nous encourage à nous approcher librement du Seigneur.

"Approchons-nous avec assurance du trône de la grâce, afin d'obtenir miséricorde et de trouver grâce, en vue d'un secours opportun." (Hébreux 4:16)

Mais l'ennemi de nos âmes cherche à nous en empêcher et c'est exactement ce que j'ai vécu un jour, et je ne l'oublierai jamais. J'étais toute seule à la maison et soudain, j'ai eu une conviction que je devais prier pour une famille. Je ne savais pas de quelle famille il s'agissait, et sur le moment, je ne connaissais aucune famille qui pourrait être particulièrement éprouvée ou en détresse. Pourtant, il fallait que je prie pour une famille! Seulement, dès que j'ai commencé à prier, toutes sortes de pensées ont envahi mon esprit pour m'en empêcher.

"Tu n'as aucun droit de prier ou intercéder pour la famille en question, car tu a commis des péchés toi aussi. Ta vie n'est pas exempte d'erreurs."

Je le savais bien, et pour dissiper ces pensées, je me suis dit que j'étais quand même bien venue au Sauveur déjà lorsque j'étais une petite fille de 7 ans, et alors, j'avais demandé pardon pour mes péchés et demandé aussi que le Seigneur me sauve et entre dans ma vie. Il m'avait alors donné l'assurance de mon salut et la certitude que j'étais pardonnée. Mais tout de suite, d'autres pensées me vinrent à l'esprit pour me déranger.

"Oui, tu as obtenu le pardon lorsque tu étais une petite fille, pardon pour les péchés commis jusqu'à ce jour-là. Mais réfléchis un peu sur ta vie depuis ce temps lointain! Tu n'as vraiment pas été parfaite!"

Immédiatement, des images et des souvenirs ont commencé à envahir mon esprit. Des moments où j'avais dit quelque chose que je n'aurais pas du dire, d'autres moments où j'aurais dû parler mais où je n'avais rien dit. Parfois, j'avais commis des actes que j'ai regrettés après. Non, ma vie n'avait pas été parfaite et exempte d'erreur et de péchés. Pourtant, je savais bien que j'étais venue à Jésus maintes fois pour être pardonnée et purifiée de mes fautes et de mes erreurs. Cela m'était souvent arrivé au cours des années.

Dès que je voulais intercéder pour la famille inconnue, je me sentais accusée à cause de mes imperfections et cela m'arrêtait dans mon intercession. Je comprenais que j'étais victime d'une machination, mais dans une certaine mesure, ces accusations me semblaient justes et bien fondées. C'était peut-être vrai que je n'avais pas le droit d'intercéder. Ce combat intérieur a duré trois jours. N'en pouvant plus, j'ai alors dit à mon mari:

"Stig, il faut que tu pries pour moi. Je suis convaincue que je dois prier pour une famille, mais il y a quelque chose qui m'en empêche."

Puis, je lui ai expliqué mon combat.

"Tu comprends bien que c'est l'ennemi qui veut t'empêcher de prier ", me dit-il.

Oui, je le comprenais, mais malgré cela je n'arrivais pas à avoir la victoire.

Tous les deux nous nous sommes agenouillés devant notre canapé. Stig a prié pour moi et j'ai prié moi-même, les larmes aux yeux: "Seigneur Jésus, aide-moi et rappelle-moi une de tes Paroles qui puisse me libérer!"

Alors, soudain, j'ai expérimenté quelque chose que j'ose appeler "une vision". En tout cas, j'ai vu quelque chose. Je crois bien que c'est la seule fois de toute ma vie qu'une chose pareille me soit arrivée.

Devant mes yeux, un beau paysage couvert d'une neige blanche immaculée est apparu. Je n'avais pas souvent vu cela dans le midi de la France, mais pendant mes jeunes années en Norvège, je l'avais souvent vu. Ce tableau était tellement beau! Le temps était ensoleillé. Les rayons du soleil faisaient étinceler cette neige blanche et pure. Personne n'avait encore marché dessus. J'ai arrêté de pleurer et j'admirais ce paysage magnifique.

Alors, quelque chose qui ressemblait à un chasse-neige est apparu du côté gauche de l'image et s'est dirigé lentement vers la droite en traversant le paysage enneigé. Dans sa trace, j'ai vu apparaître un texte biblique:

"Il envoya sa Parole et les guérit." (Psaume 107:20)

Le chasse-neige avançait toujours vers la droite et dans sa trace, un autre texte biblique apparut, tout illuminé cette fois-ci:

"C'est par la grâce que vous êtes sauvés." (Éphésiens 2:8)

Ces textes bibliques continuaient à suivre la trace du chasse-neige qui se dirigeait lentement vers la droite pour enfin disparaître. Alors d'un seul coup, toute la vision disparut! Mais, à cet instant même, une voix calme et douce se fit entendre, non pas dans mes oreilles, mais au fond de mon cœur. J'ai compris que c'était la voix du Saint-Esprit qui me parlait:

"Tu sais bien, Åse, que lorsque tu es venue à moi, lorsque tu étais encore une petite fille, tu a reçu mon pardon *uniquement par grâce*. Et, durant le temps que tu marches avec moi sur terre et que tu bronches sur le chemin, tu reçois mon pardon en venant à moi et cela, *uniquement par grâce*. Lorsqu'un jour, je te chercherai pour te prendre avec moi dans le ciel, je le ferai *uniquement par grâce!*"

Tout ce lourd fardeau qui m'accablait est tombé instantanément. Les ténèbres se sont dissipées. Le Seigneur a vraiment envoyé sa Parole pour me guérir! Et, il m'a expliqué ce texte biblique que je connaissais théoriquement fort bien. Cette explication était un chef d'œuvre de simplicité!

J'avais si souvent rencontré des personnes qui cherchaient à amasser des mérites et de bonnes œuvres pour être dignes de recevoir le salut de Dieu. Je savais bien que tout cela n'était que de vains efforts. J'avais même souligné dans ma Bible le verset qui était apparu dans ma vision: **"C'est par la grâce que vous êtes sauvés, ce n'est point par les œuvres afin que personne ne se glorifie."**

Seulement, pendant le combat intérieur que j'avais vécu, je n'étais pas capable de saisir pleinement cette vérité biblique qui m'aurait tout de suite libérée. Mais, le Seigneur Jésus est intervenu et m'a donné une nouvelle vision de sa grâce et de son œuvre de salut. Il m'a aidé à fixer mes regards sur lui, au lieu de regarder sans cesse à moi-même et à mes imperfections.

L'ennemi ne pouvait plus faire obstacle à mes prières. Le Seigneur m'a donné une compréhension plus profonde de son œuvre rédemptrice et des conséquences pratiques qui s'ensuivaient. Au moment de la mort de Jésus sur la croix, le voile du temple se déchira en deux du haut en bas, et le chemin jusqu'au lieu très saint fut ainsi ouvert. Maintenant, Jésus intercède pour nous auprès de son Père.

La Bible dit: **"Je vous écris ceci, afin que vous ne péchiez pas. Et, si quelqu'un a péché, nous avons un avocat auprès du Père, Jésus Christ, le juste. Il est lui-même une victime expiatoire pour nos péchés, non seulement les nôtres, mais aussi pour ceux du monde entier."** (1Jean 2:1-2)

"C'est pour cela aussi qu'il peut sauver parfaitement ceux qui s'approchent de Dieu par lui, étant toujours vivant pour intercéder en leur faveur." (Hébreux 7:25)

Qu'est-ce que je retiens de ce combat difficile?

Avant tout, l'amour et les tendres soins de mon Sauveur à mon égard. Oui, je suis émerveillée de la manière dont Il a résolu mon problème. Il m'a donné "un traitement spécial", bien adapté à ma situation. Il ne m'a pas fait un seul reproche. Pourtant, il aurait pu me dire que j'étais lente à croire sa Parole que je connaissais depuis si longtemps. Mais, la Bible dit bien que **"Dieu donne à tous libéralement et sans faire de reproche."** (Jacques 1:5) Libéralement veut dire généreusement.

Oui, le Seigneur est vraiment généreux. Il m'a accordé une vision spéciale pour m'éclairer. Il m'a parlé avec douceur. Oui, le Seigneur Jésus est vraiment merveilleux.

Par la suite, j'ai de nouveau pu participer au combat et intercéder pour ceux qui en avaient besoin, même si parfois, je ne connaissais pas ces besoins en détail.

Roses avec ou sans épines?

Durant les longues années passées en France, nous faisions en général une visite annuelle dans nos pays d'origine, la Suède et la Norvège. Cela se faisait toujours pendant les vacances scolaires de nos enfants. Cela leur donnait l'occasion de voir leurs grands-parents, du côté paternel comme du côté maternel. Mais, nos brefs séjours en Scandinavie comprenaient aussi des réunions et parfois la participation à des conventions d'évangélisation avec le concours de représentants de divers pays. Il y a quelques années, nous nous sommes rendus à une telle convention en Norvège. Les réunions avaient lieu dans une grande salle qui était déjà comble à notre arrivée. A l'entrée de la salle, un des responsables nous a souhaité la bienvenue et m'a tout de suite demandé:

"Madame Andreasson, voulez-vous nous chanter un cantique vers la fin de la réunion ce soir?"

Je n'étais pas surprise par la question, car de temps en temps, on me demandait de chanter en solo. J'ai donc accepté sans hésiter, et curieusement, j'ai su immédiatement quel cantique je devais chanter. C'était un vieux cantique écrit il y a plus de cent ans sur une belle mélodie. L'auteur de ce cantique exprime sa reconnaissance envers Dieu tout en acceptant les paradoxes et les contrastes des différentes phases de la vie. Il remercie pour le printemps lumineux, mais aussi pour l'automne triste et maussade. Il remercie pour les réponses à sa prière, mais aussi pour les requêtes auxquelles le Seigneur n'a pas encore répondu. Il remercie pour tout ce que Dieu lui a révélé, mais aussi pour tout ce qui reste encore caché. Il remercie pour la joie et pour le deuil et dans une dernière strophe, il écrit quelque chose de frappant. Il dit merci pour les roses le long du chemin, mais il remercie aussi pour les épines qu'elles portent.

Pour moi, le message de ce cantique était bien réel. Durant nos années en France, nous avions bien connu des moments sombres et difficiles, mais nous avions aussi expérimenté le secours de Dieu. Malgré tous les changements, Il s'était toujours montré fidèle. Dans la joie comme dans la tristesse, nous avions vu ses tendres soins et sa générosité. Je voulais vraiment chanter ce cantique, comme une louange et un hymne de reconnaissance envers le Seigneur.

Comme je devais chanter, on m'a offert une place sur l'estrade. La salle était archicomble. L'intérêt pour l'évangélisation du monde était très vivant en Norvège à cette époque-là. Malgré la chaleur, je ne voyais que des visages ouverts et attentifs dans la foule. Un certain nombre d'orateurs se sont succédés. En écoutant le représentant du Brésil et celui du Groenland, j'ai un peu regardé le texte du cantique que je devais chanter. Ce texte avait à l'origine été écrit en suédois et ensuite traduit en norvégien. J'avais souvent chanté le message de ce cantique conformément à l'original. Mais, en feuilletant mon recueil norvégien, j'ai été frappée par la manière dont la dernière strophe avait été traduite. Je savais bien que le texte en suédois disait: "Merci pour les roses le long du chemin. Merci aussi pour les épines." Mais, en norvégien, le traducteur avait écrit: "Merci pour les roses le long du chemin. Merci, car elles sont sans épines". Alors, la question a surgi: Quelle version dois-je chanter? J'avais souvent chanté qu'il y avait des roses le long du chemin, mais aussi des épines et en écoutant les deux serviteurs parler du Brésil et du Groenland, cela me paraissait évident. Au Brésil, les églises vivaient une croissance dynamique. L'évangile gagnait sans cesse du terrain. On pouvait avoir l'impression qu'il y avait beaucoup de roses et presque pas d'épines pour les messagers de l'Évangile dans ce pays.

Les nouvelles de Groenland, par contre, nous ont donné une image bien différente. Là bas, le climat est froid et rude non seulement sur le plan géographique, mais aussi sur le plan spirituel. Les églises sont petites et les conversions rarement durables. L'alcoolisme y tient beaucoup de gens en esclavage. Travailler pour répandre l'Évangile parmi les groenlandais n'était manifestement pas "un chemin parsemé de roses". C'était plutôt une activité épineuse, c'est à dire pleine de difficultés.

La question qui me tourmentait était celle-ci: Y a-t-il vraiment des épines sur le chemin que Dieu nous trace? ou bien, en sommes-nous libérés si nous faisons vraiment la volonté de Dieu? Il me semblait bien qu'il y avait eu des roses le long du chemin que j'avais suivi, mais ces roses n'avaient pas été sans épines. Mais, peut-être les épines avaient-elles été là par ma propre faute?

Je me sentais désemparée et incertaine et dans mon cœur, j'ai fait cette prière: "Seigneur Jésus, viens à mon secours! Qu'est-ce je dois chanter?

Il ne me restait plus beaucoup de temps pour réfléchir. Le représentant du Groenland était en train de terminer sa description de son champ de travail froid et ingrat. Après quelques instants, celui qui présidait la réunion s'est levé en disant:

"Maintenant, Åse Andreasson va nous chanter un cantique."

Je me suis levée et me suis approchée du micro. J'étais toujours hésitante concernant le contenu de la dernière strophe du cantique que j'avais choisi. Je ne voulais pas chanter uniquement pour participer à un programme. Je voulais chanter un message qui soit vrai. La prière de mon cœur était donc toujours aussi intense: "Seigneur, viens à mon secours ! Qu'est-ce que je dois chanter?"

A l'instant où je me suis présentée derrière le micro, quelqu'un dans l'auditoire a commencé à parler dans une langue inconnue. Un silence total planait sur l'auditoire. Lorsque ce "parler en langue" fut terminé, quelqu'un tout au fond de la salle s'est levé pour en donner l'interprétation. Il avait une voix puissante, facilement audible pour tout le monde. Il a dit à peu près ceci:

"Souviens-toi qu'au milieu de tous les combats que tu dois mener dans ton travail pour moi, je suis avec toi et je te récompenserai de ton fidèle service. Mais, il faut que tu saches que le long du chemin que j'ai tracé pour toi, il y des roses. Mais, avec elles, il y a aussi des épines."

Celui qui avait plaidé la cause des groenlandais avait sans doute besoin de ce message d'encouragement. Mais moi, dans mon incertitude, j'en avais besoin aussi. Du fond de mon cœur, j'ai dit: "Merci Seigneur, maintenant je sais ce que je dois chanter!"

Avec joie et assurance, j'ai pu chanter une louange non seulement pour les roses le long du chemin, mais aussi pour les épines. Je pense qu'il n'est nullement nécessaire de vous dire que l'émotion de l'auditoire est montée à son comble lorsque cette dernière strophe a été chantée.

Cette expérience m'a aidée maintes fois lorsque plus tard j'ai traversé des moments difficiles. Le psalmiste dit dans la Bible:

"Éternel, de loin tu discernes tout ce que je pense". (Psaume 139:2)

Personne dans ce grand auditoire ne savait quel cantique j'avais choisi et personne ne pouvait connaître mes problèmes avec le texte. Mais manifestement, le Seigneur connaissait tout, et Il est venu à mon secours. Deux personnes inspirées par l'Esprit de Dieu m'ont apporté la réponse qu'il me fallait. Souvent, j'ai besoin de me rappeler que le Seigneur connaît ma situation et qu'Il peut m'apporter le secours nécessaire. Alors, le souvenir de cette réunion inoubliable en Norvège fortifie ma confiance dans le Seigneur.

Avec le Psalmiste, je veux encore dire:

"Mon âme, bénis l'Éternel, et n'oublie aucun de ses bienfaits!" (Psaume 103:2)

Si, dans ce petit livre, je raconte quelques-uns des bienfaits de Dieu envers moi, c'est parce que j'espère susciter dans le cœur de chacun de mes lecteurs cette même confiance en Jésus Christ, notre Sauveur. Lui seul peut nous apporter un secours opportun dans les moments difficiles que nous traversons. Il a dit lui-même:

"Que votre cœur ne se trouble pas, croyez en Dieu, croyez aussi en moi. Je vous laisse la paix, je vous donne ma paix. Moi, je ne vous donne pas comme le monde donne. Que votre cœur ne se trouble pas et ne s'alarme pas." (Jean 14:1, 27)

Maintenant, en guise de conclusion de mes témoignages vécus, je résume ce que Jésus lui-même a exprimé en disant: **"Une seule chose est vraiment nécessaire."** (Luc 10:42) Cette chose-là est à votre portée.

Le chemin de la vie

Devant un avenir inconnu et incertain, il est vraiment important que chacun de nous sache si oui ou non, il est sur le chemin qui mène à la félicité éternelle. Cela est possible, car Jésus Christ a dit: **"Je suis le chemin, la vérité et la vie. Nul ne vient au Père que par moi."** (Jean 14:6)

La Bible affirme aussi: **"Dieu nous a donné la vie éternelle et cette vie est dans son Fils. Celui qui a le Fils a la vie; celui qui n'a pas le Fils de Dieu n'a pas la vie. Je vous ai écrit ces choses, afin que vous sachiez que vous avez la vie éternelle, vous qui croyez au nom du Fils de Dieu. "** (1 Jean 5 : 11-13)

"En effet, si avec ta bouche tu reconnais en Jésus le Seigneur, et si, avec ton cœur, tu crois que Dieu l'a réveillé d'entre les morts, tu seras sauvé. Car quiconque invoquera le nom du Seigneur sera sauvé." (Rom.10:9, 13)

Si vous n'avez pas de Bible, procurez-vous sans tarder un exemplaire de ce livre irremplaçable. Commencez votre lecture par le Nouveau Testament. Vous y trouverez l'invitation généreuse du Seigneur Jésus lui-même: **"Venez à moi vous tous qui êtes fatigués et chargés et je vous donnerez du repos."** (Matthieu 11:28) Vous trouverez aussi que ce Sauveur, cloué à la croix pour expier nos péchés, a ouvert les portes du paradis à un misérable brigand crucifié à côté de lui. Ce brigand, après avoir reconnu ses fautes, a timidement demandé à ne pas être totalement oublié par le Seigneur dans l'autre monde, et il a entendu ces paroles merveilleuses: **"En vérité, je te le dis, aujourd'hui tu seras avec mois au paradis."** (Luc 23:43) Quelle profondeur de miséricorde divine envers le plus indigne des humains!

En lisant la Bible, vous découvrirez que personne ne peut offrir à Dieu des œuvres méritoires valables à ses yeux. Même si nous ne sommes pas littéralement des brigands mais plutôt considérés comme de "braves gens", nous manquons de monnaie recevable auprès de Dieu pour payer notre entrée dans son royaume. Cela ne peut se faire qu'en acceptant la grâce qui nous est offerte par le sacrifice de Jésus Christ sur la croix. Le mot "grâce" veut dire "une faveur non méritée". C'est pour cela que la Bible dit encore:

"C'est par la grâce en effet que vous êtes sauvés, par le moyen de la foi. Et cela ne vient pas de vous, c'est le don de Dieu. Ce n'est point par les œuvres, afin que personne ne se glorifie." (Éphésiens 2:8) **"Le don gratuit**

de Dieu c'est la vie éternelle en Jésus-Christ, notre Seigneur." (Romains 6:23)

Ces promesses divines de la Bible sont aussi pour vous qui venez de terminer la lecture de mon simple témoignage qui, je l'espère, vous aura apporté quelques lueurs d'espoir et de réconfort. Je vous souhaite la riche bénédiction de Dieu.

Oui, je veux morebooks!

i want morebooks!

Buy your books fast and straightforward online - at one of world's fastest growing online book stores! Environmentally sound due to Print-on-Demand technologies.

Buy your books online at
www.get-morebooks.com

Achetez vos livres en ligne, vite et bien, sur l'une des librairies en ligne les plus performantes au monde!
En protégeant nos ressources et notre environnement grâce à l'impression à la demande.

La librairie en ligne pour acheter plus vite
www.morebooks.fr

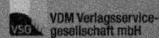 VDM Verlagsservicegesellschaft mbH
VDM Verlagsservice- Heinrich-Böcking-Str. 6-8   Telefon: +49 681 3720 174   info@vdm-vsg.de
gesellschaft mbH   D - 66121 Saarbrücken   Telefax: +49 681 3720 1749   www.vdm-vsg.de